D1878443

भूखण्ड तप रहा है

क्रम

‘काल ही में यह नन्हीं-सी आँख अपने से परे सब-कुछ देख लेती है’

-अथर्ववेद

एक

चकमक पत्थर

गरुड़ आकाश में उड़ रहे होंगे
आकाश पानी से घिर रहा होगा
और जंगली सूअर अपनी थूथनियों से खोद रहे होंगे
धरती के भीतर गड़ी हुई संजीवनी
समय की उस विराट खोखल के भीतर
वे अपनी हथेली पर थूक कर
सूरज का इन्तज़ार करते होंगे

जेटयान के धुएं का पीछा करती दृष्टि को
रोककर सोचता है त्रिभुवन

'त्रिभुवन मुड़कर कई बार पीछे देखो'
– कहा था एक दिन सयाने ने
तब से वह रुक-रुक कर बीच-बीच में
देखता है दूर तक अपने सामने उगे
भूख के जंगल को यहीं छोड़
ऐन्द्रजालिक छायाओं में
सूरज का इन्तज़ार करती हुई अनगिन आदिम आंखें
गुफाएं और उनके भीतर
लेटी हुई नर आकृतियाँ
अग्नि की छत्र-छाया के नीचे खड़ी तैल स्नात युवतियाँ
चट्टान पर उकेरती पशुओं के चेहरे

क्या वहाँ भी था मैं
जब सारी चीज़ें छिपी हुई थीं

धरती, समुद्र और पहाड़ों के गर्भ में
आग छिपी हुई थी एक साथ
समुद्र के कंठ
पेड़ों की नसों और चट्टानों की आंत में

आग उनके भीतर भी
सुलगती हुई कविता थी
वे अग्नि के बेटे थे
मैं उनका
– हँसता है त्रिभुवन
माँ को आटा पीसते देख

सही सलामत जीने के लिए
पहाड़ों नदियों और जंगलों के बीच थे वे
किसी भी हिंस्र पठार पर घूमते हुए
उनकी हड्डियाँ धूप में तपती रही होंगी
उनकी स्मृतियों के बीच रक्त का फौव्वारा फूटता होगा
मनुष्य होने के लिए आकार ढूँढते हुए
वे चकित होकर
आकाश और पेड़ों के बीच देखते होंगे
मस्तिष्क था उनके भी पास
अखरोट की मानिन्द सख्त
और भीतर से संवेदनशील
पहचानने को भीतर ही भीतर फड़फड़ाता हुआ

अब तो मस्तिष्क है कम्प्यूटर के पास भी
कविता लिख देगा कम्प्यूटर एक दिन
पर क्या बसन्त
या चिड़िया
अथवा स्तनों से झरता-झरना

संभव है कभी कम्प्यूटर के गर्भ से भी

इस मंदिर और उस सफ़ेद चर्च के बीच
क्या था एक दिन
काँटेदार झाड़ियों के बीच उन्मत्त होते सर्प युग्मों के सिवा
पछाड़ें खाती हुई बारिश
और नाखूनों तक से नहीं छँटने वाले प्रगाढ़ अंधेरे में
किन हाथों ने ढूंढा था चकमक पत्थर कैसे
महाकाव्यों में तैरती-उतराती अपनी यह पृथ्वी
धड़कती है जो लोकगीतों की क्षितिज स्पर्शी लयों से
किसने दी
हल्दी की गन्ध में नहाए
नदियों की आँखों-नावों-को दौड़ाने वाले
छाया-दमदार गीत किसने दिए
कहाँ था कम्प्यूटर तब
अंधेरे के साथ खौफ घूमता था
बेधड़क बरगद की टहनियों पर
जादूटोने के फन्दे लटकाता
फिर भी काले बुखार को बाजू पटक
बाघ को चीरते हुए हँसा था जो
भाषाहीन हँसी
उसी की नंग-धड़ंग सन्तानों ने
ईश्वर के महल और जादू के शहर को खड़ा किया
गूंगेपन की गुफा से बाहर आ
शब्दों के चमकते हुए पठार पर
उसने हाथों को हथियार
और पाँवों को पहिए दिए
उसने अपना सब कुछ दिया हँसते-हँसते
और थाम ली थी रुपहली वल्गाएं
समय के सुनहरे अश्व की

जादू था
पर लटकी हुई नहीं थी चीज़ें हवा में
आतंक था
पर टपकी नहीं थी चीज़ें आसमान से
चकित कर देने के इरादों के साथ
बदल जाती थी आवाज बर्फ़ के टुकड़ों में
किसी भी फूल के नज़दीक
जबकि फूल परिचित थे रक्त-गन्ध से
आवाज़ क़ैद हो जाती थी
घोड़ों की हिनहिनाहट में
जबकि हिनहिनाहट में था आग का स्वाद
गूँजों से दहाड़ते जंगलों
और फुसफुसाहटों से थर्राती गुहाओं के बाद
जहाँ कड़कती थी बिजली एक साथ
आसमान की देह और समुद्र में
आग और जानवरों को पहचानते हुए
तड़के बीज एक दिन
नहाते हुए वनस्पतियों रंगों और गंधों में
या फिर पाने और खो देने की
दुर्घटनाओं के बीच रक्तस्नात होते हुए
फूटी नन्हीं कोंपल
पहचान लेने के पहले
तड़क गई होगी धरती की नसें
निसैनी खिसक गई होगी पहाड़ों की
झरने सूखे चमड़े की तरह टंगे रह गए होंगे
भूचाल से खेली होगी जिह्वा और काया

आज भी मकई के खेतों के आसपास
फटी हुई आँखों की गुफाएं

एक दो की गिनती से गिन लो हड्डियाँ कितनी ही
या फिर दो के पहाड़े से

कम्प्यूटर के मस्तिष्क में नहीं है
भूख की पीड़ा
उसकी ज़ुबान पर कहाँ
काली चमड़ी पर उमचने वाले
चाबुक का कोई जवाब
हवा की तहों में छिपे हैं इतने डंक
अगर सोचे आकाश तो ऐंठने लग जाए

पर अचानक नहीं मिले होंगे
शब्द के चकमक पत्थर
रगड़ते जिस्म चट्टान से
मापते धरती-आकाश
खिली होगी वह धूप जब
ब्रह्माण्ड के विस्तार में
उगे बबूल-काँटे खड़ी हुई झोपड़ी
ढांढे चले खिले कचनार
यह 'यह' है और वह 'वह'
उजालें में 'दिन' और अंधेरे में 'रात'
फिर रगड़ की आग का मुंह
खुला होगा भीतर मस्तिष्क के
और बहती नदी के साथ
खड़े होते गए इतिहास के स्तंभ-स्तूप
नाटक-महाकाव्य

पीली धूप ने कपास को
दूध-से सफ़ेद में जाना होगा एक दिन
और घास-पत्तियों केहरे कच्च में

कपास ने कपड़े को पहचाना होगा एक सुबह
फिर सात रंगों की संरचना बनकर
हँसने-नाचने-गाने लगा होगा
अपना पूर्वज जीवन

आज भी चिमनियों से
पंख फैलाकर उड़ता है धुएं का पहाड़
त्रिभुवन नहीं था वहाँ
उस आदिम सबेरे में
पर देखता है शाम को यहाँ
मशीनों को अपना खून दे
लौटते हुए पीले-जर्द-त्रस्त चेहरे
जो एक अंधेरे से जा रहे हैं
दूसरे अपने अंधेरे में
जबकि नियॉन लाइट की भभकों में
लगातार चमकती और बुझती है समृद्धि और सभ्यता
पर किनके लिए
–सोचता है त्रिभुवन
इनके लिए घर क्यों है अँधेरा
और देखता है आकाश में उड़ते हुए साँप
जिनकी परछाइयाँ धरती की आँखों में

वह ढूँढता है कल्पान्तरों के आकाश में
उड़ते हुए सुनहरे गरुड़
और आ जाता है अपने आज में
जहाँ समय बेहद क़ातिल है
और दोस्त भी
और असंभव कुछ भी नहीं
भविष्य पर क़ाबू पाना तो कतई नहीं
सिर्फ बिखरे हुए हैं इरादे

पर यह भूख से लड़ाई का चुम्बक
इकट्ठा कर देगा
किसी भी दिन
तमाम अस्तव्यस्त मुरादें

दो

साँप-सीढ़ी का खेल

जन्म के साथ ही शुरू हो गया था
साँप-सीढ़ी का खेल
चोर बादाम शाही
पीछे देखे मार खाई

उसने हमेशा पीछे देखा
और एक चाबुक खाया सटाक से
सीढ़ी तक पहुँचने के पहले वह
साँप के मुँह पर आ गया
और नीचे गिर पड़ा धड़ाम से

तब वह एक बच्चा था
अक्सर घाने की तरफ दौड़ता हुआ
आँखें फाड़कर रेलवे चौकी
सिगनल और पटरियों को देखता हुआ
चने चबाता या जुआर की धानी फाँकता
सत्तू के बारे में सोचता
कभी पेड़ से उतरकर
तो कभी नदी से नहाकर आया हुआ
पेड़ की टहनियों को कन्धे पर हिलाता
नदी के पानी को पेट में बजाता
जेठ की दोपहरी में
पत्थर के बीजों को ढूँढता
वह हमेशा गड़े पत्थर
उचका कर देखता

और धरती की गन्ध
उसके नथुनों में दौड़ने लगती

वही गन्ध आज तक उसकी
देह से लिपटी हुई है
अब वह जानता है
पत्थरों के पेड़ नहीं हो सकते
वह जानता है वह समय था एक साथ
फूलों की महक
और बिच्छुओं के छिपे डंकों के
पवित्र अंधेरे का
जिसमें नदियों के जी भर उजाले थे
हवा पर कोई बन्दिश नहीं थी
प्यास की ओक में झरने का पानी था
पहाड़ को चूमकर आया गुनगुनाता हुआ
और उसी वक्त भूख के पेट पर
ईश्वर जर्राह की तरह झुका हुआ था
और कराहों की लपटें
प्रार्थनाओं के फूलों से सजाई जा रही थीं
और सरहदों, अहातों, कोठियों
बागड़ों और झोपड़ी भर अँधेरे का
खूँख़ार बँटवारा था

वह उतरता जाता है सीढ़ियाँ
एक के बाद एक
समय और जगहों को लाँघता वह
पहुँचता है वहाँ बार-बार
जहाँ पत्थरों के फफोलों के बीच से
झाँकती दरदरी जमीन
जिस पर चलते बैलों के

घुटने मुड़ते कई बार
रहट की टूटती रस्सी
फिर भी उलीचती लगातार पानी
उगाने कुटकी
बढ़ाने ऊख
वह पहुँच जाता है जैसे
उतरते हुए अँधेरे के पानी में
नीचे और नीचे गहरे
और देखता है गढ़ी का शाही दरवाज़ा
हाथियों के मस्तकों को चुनौती देता हुआ

अब वह पहन लेता है अँधेरे का चेहरा
और एक पत्थर को खिसका
धँसने लगता है भीतर
झाड़—झंखाड़ की तरह हटाता
अदृश्य बाधाओं को
देखता है पुराने हथियार
बन्दूक़ें बल्लम और फरसे
बैठक में इतिहास की अजीब-सी गन्ध के बीच
टँगी हुई मूँछदार तसबीरें
लटकते फ़ानूस चमगादड़ फड़फड़ाते
साफे खूँटियों पर धूल-मढ़े
तश्तरियाँ चाँदी की शीशम की तिपाई पर
रौबदार हुक्का और कालीन गद्देदार पाँवों को लपकते
रेंगती छिपकलियाँ घबराए चेहरों की छायाएँ
और तभी सोने की मूठदार छड़ी के पास पड़े
बघनखों को पहचानने लगती हैं उसकी आँखें
बदलने लगती है चेहरे की रंगत
और फिर दूसरे पत्थर को हटा
पहुँचता है वह गढ़ी के गर्भ-पाताल में

जहाँ आवाज़ें पत्थरों पर खुदी हैं
और सौ वर्ष पुराने पसीने और घोड़ों की
मिली जुली गंध पर सारंगी का उदास स्वर तैरता है
बिन देह के पसीने और जड़ अदृश्य घोड़ों का
सारंगी से क्या रिश्ता सोचते हुए
वह खोदने लगता है
एक पहचाना-सा टीला
जैसे ढूंढता हो कोई अश्वत्थामा की मुकुट-मणि
हिम चट्टानों में

वहाँ अस्थिपंजरों का ढेर था
उसके स्पर्श से हड़कम्प में तब्दील हो
खड़खड़ाता हुआ
वह ढूँढ़ने लगा अपना पैतृक अस्थि-मुख
पर अचानक उठी लपटों से विह्वल हो
गढ़ी के गर्भाशय में
अपने ही भीतर महसूस करने लगा
आदिम मुठभेड़ों का महाभारत

वहाँ खून था चट्टानों की तरह जमा हुआ
और उसके ऊपर ही थी बैठक गढ़ी की
जिसमें कुर्सी थी एक
अपनी बेहद लम्बी अदृश्य टूटी टाँगों को
गाढ़े खून खच्चर में गहरे तक धँसाए
ऊपर न्याय देती हुई

अपनी आज की इस दुनिया में लौट कर
—देखता है त्रिभुवन
न्याय उपस्थित होता है बहरुपिए का चेहरा पहनकर
मौसम के अपने अपने आईनों में

सत्य को विद्रूप करता हुआ
ड्राईंगरूम के नीचे वातानुकूलित तहख़ानों में
तस्करों ने उगा लिए हैं धातु के कल्पवृक्ष
टेलीप्रिन्टर अमृत-कलश हेलीकॉप्टर की उड़नपट्‌टी

सब कुछ सजाकर मेज़ पर
वे मेज़ सहित नक्शा चबा रहे हैं
और समुद्री रास्तों से तैरते
उनके राजदूत आ रहे हैं
और इनका संदेश लेकर
जा रही हैं देशान्तरों में
पानी के भीतर उड़ती हुई सुघड़ प्रस्तर प्रतिमाएं

आग लगती थी
और डोंडी पीटी जाती थी
बढ़ई के कुएं के पास
आग बुलाती थी पानी को
खतरनाक तेंदूए मदमाते आते थे
और डोंडीं पीटी जाती थी
झण्डेवाले मैदान के बीचोबीच
निचुड़ती हुई हड्डियाँ बुलाती थी अपने रिश्तेदार हाथों को

महामारी छा जाती थी
और डोंडी टँगी रहती थी नि:शब्द खूँटी पर
मृदंग पीटा जाता था बेरहमी से
और डोलती हिचकोले खाती छायाएँ
दूसरी दुर्दान्त काली छायाओं को बुलाती थीं

उसने महसूस की जलते हुए नवान्न की गन्ध
देखी तेन्दुए के प्रदीर्घ नखों से घायल दिशाएँ

चटपट दम तोड़ते लोगों से भयभीत
भुतहा बस्तियाँ
लाल कौंध उमची आँखों में
लगा करन्ट ज़ुबान को
झनझनाया सिर से पाँव तक
आकाशवाणी से ख़बर सुनते हुए जैसे अतीत की
फिर लौट आया अपने मुक़ाम पर
जहाँ बच्चियों ने तैयार किए थे
गोबर से दीवारों पर
किला-कोट परकोट
सूरज-चाँद-सितारे
राजा-रानी-बाग़-बग़ीचे
हाथी-घोड़े
नौकर-चाकर
और सजाया था जिसे
गुलबास-गुलतेवड़ी की पँखुरियों
पन्नियों और रंगीन कागज़ से
और एक गीत संझा के दरबार का
गूंज रहा था
क्वार की मृगों को संवला कर आई
झुलसी हवा के आकाश में
लयों के थपेड़ों के साथ पूछता हुआ
'कौन तोड़ रहा है फूल चम्पे के
कौन गूँथ रहा है हार मेरी माँ'
तभी भोंगे दहाड़े
क़र्फ़्यू के काँच के टुकड़ों से
घिरकर बन्द हो गई शहर की सड़क
ज़माने से साथ रहते आए थे जो
वे ही दोस्त एक दूसरे के हत्यारे होने के लिए
हुमस रहे थे

बुज़ुर्गों की आँखों में भी
सवाल पर दूसरी तर्ज़ में
उस धागे को किसने तोड़ दिया
और बारूद में डुबोकर
किसने सुलगा दिया तीज़-त्यौहार के बीच
जिन्होंने सुलगाया वे ही दौड़ रहे थे
रहनुमा बनकर कुओं की तरफ
और उनके भीतर का चालाक गणित
एक नई चमकदार कुर्सी का सपना देखते हुए
बड़ी तिजोरी का नाप दे रहा था
यह तेन्दुए के आतंक से
भिन्न था पर दूसरा चेहरा था उसीका
तब उनके अनेक चेहरे थे
और ज़ालिम चेहरा रहता था अक्सर सबसे पीछे
कभी-कभार सामने होता
भौंहों के ठीक बीचोबीच जलता हुआ
पर अब ज़ालिम चेहरा दफ़न किया जा चुका है
सदा-सदा के लिए
और ये अपने परोपकारी या भिखमंगे चेहरे से ही
निकाल लेते हैं हत्यारे चेहरे का काम

एक अदृश्य आरी
हवा में छिपाई जा रही है
तेज़ाब के बादल आकाश में बिछाए जा रहे हैं
एक दग़ाबाज़ घड़ी
जो हमेशा उनका ही वक़्त बताती है
हर शहर और गाँव के माथे पर तैनात है
और उसके पुर्जें नियन्त्रित होते हैं
दूर-दूसरे तलघर से
वह पूछता है

वक़्त पूछने का क्या मतलब है
ऐसे मौसम में
जबकि संझा का दरबार
क़त्लग़ाह बन गया है
और दिन का अधिकतम तापमान
पारे को धक्का दे रहा है थर्मामीटर के बाहर
और अभी भी किसी को पता नहीं
सूखा कब तक रहेगा और क्यों

तीन

चख कर देखो शब्द

दोनों ऊदबिलावों में से
एक को पूँछ और दूसरे को मूँछ वाला हिस्सा थमा
चालाक सियार चाँप गया था रोहू का सबसे स्वादिष्ट हिस्सा
मक्के की रोटी को कांदे से चबाते हुए
त्रिभुवन ने चूल्हा फूंकती माँ को सुनाया था किस्सा
तभी खबर लेकर आए थे पिता तहसील से
हाँफते कचहरी में हार गए मुक़दमा
पुश्तैनी ज़मीन का आखिरी टुकड़ा
जमींदार के जबड़े में समा गया
बुद्ध को भी पता था
कि कौन है चालाक सियार
त्रिभुवन भी जानता है फिर भी
वह चाहता है जानना
आग पालतू जानवरों की तरह
कब तक घास खाती रहेगी
वह पक्षी बनकर आकाश में क्यों नहीं उड़ती
वह बाज बन कर क्यों नहीं टूटती
दरिन्दे दरवाज़ों पर
ऊँची कुर्सियों पर पुरानी और नयी
जो सिर्फ कुर्सियाँ हैं
और आदमी की हसरत को कभी नहीं पहचानती

फव्वारे के पास दौड़ते हुए
बचपन में उसने एक तितली देखी थी
और अपनी राड़े की बन्दूक को दूर फेंक

वह ठिठक कर रह गया था
उसी वक़्त पेड़ पर सरपट चढ़ते हुए
एक गिलहरी धरती पर गिर गई थी
तब वह हँसा था
और आज उसी हँसने पर हँस रहा है
प्रेम और दुर्भाग्य
और तपती हुई धूप
वह दोनों तरफ़ दुनिया को देख रहा है
उसके भीतर हिंसा और नफ़रत
और अश्लील दृश्यों की सम्पन्न परम्परा है
पशुओं की दुनिया की बेस्वाद स्मृतियाँ है
एक दूसरे को नोंचती-निगलती
माँस खाती हुई
और बाहर शराबखाने की सीढ़ियों पर
ताक़तवर लोग गा रहे हैं और गाते हुए
दुनिया को चींटी की तरह मसल देने की
धमकियाँ दे रहे हैं

ताक़तवर लोग
उसके ही आदमियों से
ख़रीद रहे हैं ताक़त अपने लिए
और सरकार की बगल में खड़े हो
अट्टहास कर रहे हैं
सरकार भी सरकार बनने के लिए
झाँकती है दीनों की दुनिया में
फिर मुट्ठी भर दाने छितरा कर
लड़वा देती है आपस में
और एक नाज़ुक मौका देख मांगती है ताक़त
उन करोड़ों कमजोर लोगों से
जिनकी आँखों में जलता हुआ जंगल

नींद में रोटी छीनते कुत्ते
पाँवों में घास की गंध पर जमी हुई फफूंद
चेहरों पर यातना का
खुदा हुआ रोज़नामचा है
सारी दुनिया को देकर अपनी ताक़त
वे नहीं जानते ताक़त क्या है
खड़ी करके सरकार पूछते हैं सरकार कहाँ है

चन्दन का व्यापारी समझ
भेज दिया था दिल्ली की हाट में
कोयले के दलालों को
इस सूखे के दौर में
सफ़ेद होकर उड़ते हुए दिखते हैं
और नहीं भी दिखते हैं
इसीलिए पूछती है थर्राती वृद्ध आवाज़ एक
ज़रूरत है बेसाख़्ता
कहाँ है सरकार
कर रही है क्या इस वक़्त
फसलों और पानी के भीषण पक्षाघात में
कहा उसने--
जो कुछ घट रहा है छाती पर
वक़्त और धरती और आदमी की
वह सब सरकार है
दीमक की तराजू में खरीदती-बेचती
आदमी के सत् को निचोड़ती
ग़ायब चीज़ों में धँसती
प्रकट ठेकों में उछलती
गन्ने की तरह तोड़ती अदम्य इच्छाओं को
सब तरफ अंधेरे में और उजाले में
हमारी ताक़त पर खड़ी

सरकार ही तो है

थर्राती हुई बूढ़ी आवाज़ रेंगते हुए
पेड़ों के तनों में समा जाती है

सत्य अँधेरे की नसों में रेंगता रहता है
अनदेखा चुपचाप
और झूठ का मुकुट धूप के स्तूपों पर जगमगाता है
पर हमारी आँखें पहचान लेती हैं
अँधेरे के भीतर से पीते हुए
उस द्रवित को हम अपने खून में बदल सकते हैं
और फिर पूछ सकते हैं
अपने से और सबसे
क्या सरकार हमेशा सेब का दरख़्त होती है
यदि उसकी छाती पर संगीने उगने लगे
उसकी भौंहों पर छिपकलियाँ चिपकी हों
और नाक के छेदों से केंचुएं निकलने लग जाए
तब भी क्या वह स्वादिष्ट और पौष्टिक
सेब का दरख़्त ही होती है

प्रश्नों की खुरदरी काठी पर
हाथ फेरता है वह भीतर ही भीतर
भीतर ही भीतर वह मरता है क्षत-विक्षत अंधेरे में
और जन्म लेता है बार-बार
बच्चों के दूध के दाँत सरीखे उजाले में
मृत्यु के लिए सोचने का अन्त हो जाता है
धड़कन के एक बिन्दु पर
पर जीवन के लिए सोचने का
सिलसिला आगे-पीछे
शताब्दियों के समय को लांघता है

देखता है वह नदियों से पत्थर बटोर कर लाए
नंग-धड़ंग बच्चों की आज की इस वक़्त की-सी खुशी
और धुएं में रोटी के पेट फूलों सी खिलाती
अवसन्न स्त्रियाँ
पृथ्वी ने कितने चक्कर काटे
घूमी लगातार ऋतुओं के गवाक्ष खोले
रंगों और गंधों के फौव्वारे छोड़े
अनगिनत बार धरती ने सब कुछ दिया
पारदर्शी-अपारदर्शी
ठोस-तरल और उड़ती हुई चीजें
चमकती हुई और स्याह मटमैली
सब कुछ दिया अपनी अस्थियों से
आंतों से
रक्त और दूध और त्वचा से
अपनी धड़कन से
सूरज और चन्द्रमा को बदला
अपनी दोनों आँखों में

और क्या किया अब तक सबने
रुदन और स्याह सन्नाटों की रातों को
बदल दिया चन्द्रमा और समुद्र के संगीत में
सूरज की धूप को दिखाई
बारुद की सुरंगों के बाद भी
सात रंगों से खेलती हुई एक खुशनुमा चिड़िया
सब कुछ किया
धरती ने जितना जो कुछ दिया
उससे बनाई चन्द्रमा को छू सकने वाली दुनिया

फिर भी कुछ हुआ
हमेशा हर बार हुआ

सुई की नोक भर ज़मीन के कारण
धुएं में खड़ा होता रहा आदमी
पिलाने के लिए अपनी ही नदियों को
अपना ही ख़ून

जन्म और धर्म और रंग की
अदृश्य अभिशप्त छायाओं के बीच
हर सुबह एक जन्मोत्सव
हर दोपहर अनगिनत छोट-मोटे महाभारत
हर अक्षांश और देशांश पर
पंखों की परछाई पर नाखूनों की भाषा
हर शाम सितार की महफिल
और उसी वक़्त हत्यारों की गुप्त मंत्रणाएं
हर रात बच्चों की नींद के बारे में
सोचते माँ-बाप हँसते बच्चे नींद में
सितारों को देख देह की कविता पढ़ते स्त्री-पुरुष
और उसी वक़्त सुलगती झोपडियाँ
धरती के बिखरे केशों को जलाता अग्निकाण्ड
और पशुओं की तरह
स्त्रियों-बच्चों-सपनों और फसलों को चींथते
किटकिटाते दाँत

नींद के इस छोर पर
वायलिन बजाती हुई एक बच्ची है
और दूसरे छोर को कुतरते भय के पहाड़ी चूहे हैं
चन्द्रमा और तोप में कोई बुनियादी अन्तर है
इसे तेन्दुए के दाँत नहीं जानते
नहीं जानते हत्यारे मस्तिष्क भी
कि हँसी दाँत से पकड़ने की चीज़ नहीं है
तभी एक औरत की चीख़ नींद के

आकाश भर परदे को फाड़ती है
औरत जो हँसी और गुलाब है इस पृथ्वी पर
औरत जो चन्द्रमा और संगीत का सत् है
औरत जो समुद्र है और समुद्र का नमक भी
औरत जो शहद है और सपनों का छत्ता बनाती मधुमक्खी भी
उसी औरत की चीख और हया
आत्मा से बिखर कर सड़कों पर बिछ जाती है

कुत्तों को चटाने के लिए जिस्म
युवतियाँ और प्रौढ़ाएं
जयहिन्द टॉकीज़ की गली में खड़ी हैं
भारतमाता लॉज की सीढ़ियों पर
बेलाज हो रही हैं
गोद और पेट में बच्चा लिए
कुएं में कूद गई है एक औरत
एक औरत बेटी को बेच रही है फक़त पांच रुपय्ये में
पेट की आग बुझने वाली कभी नहीं
और दूसरी बिन आँखों वाली आग झुलसाती जा रही है
मौत से भी दुरुस्त होता नहीं कुछ
फिर भी अनदेखा करती अपने उघड़े पेट
और लटकते स्तनों को
एक बूढ़ी औरत मौत की भीख मांग रही है
शब्द कागज़ की तरह फाड़कर बेमुरव्वत
चींथ देते हैं घटनाओं को सुबह-शाम
और कुछ नहीं होता
बहुत कुछ होता है रोज छपे-बिन-छपे
पर उन काली परछाइयों का कुछ नहीं बिगड़ता
जो दुनिया का सबसे सुन्दर बाग
इस तरह उज़ाड़ती हैं

औरत अपने जादू से
हवा में दीवारें खड़ी करती रही
शताब्दियों से दीवारों के भीतर घर
घर के भीतर सपना
और अपने भीतर धमनभट्टी तैयार करती रही औरत
और चुप रहने की आग में जलती हुई
अपने ही जादू के फन्दे में फँसती रही
अपनी पारदर्शिता को दूसरों का भोजन बनाते हुए
और दूसरों की हिंसा को गुपचुप निगलते हुए
औरत झरने से चट्टान में तब्दील हो रही है
और उसकी दुनिया में हर दूसरे क्षण
आत्मा देह को हरी बत्ती का सिगनल दिखा रही है
रक्त से काल का महाभिषेक हो रहा है
काल रात्रि भूख की जिह्वा निकाल कर
आग के नेत्रों से देख रही है

सौ वर्षों तक अलकनन्दा क़ैद थी
त्रिभुवन देखता है अपनी सोई हुई पत्नी को
और सोचता है
अँधेरा इतिहास के दालानों को
पार करता आ रहा है अब तक
उजाले में भी सफेद बनकर अंधेरा
उसकी आँखें पत्थरों जितनी पुरानी है
मन कन्दराओं जितना आदिम है
बचपन में एक बार उसने
हाथ रख दिया था आग की लपटों पर
वह बताती थी

आज वह बुदबुदाता है
उट्ठो हिम्मत करो

और अपने करोड़ों हाथ रख दो बिजली के तार पर
चखकर देखो शब्द
गुमशुदा चेहरे और नाम और उम्मीदें
छिप कर रहती हैं इन्हीं में

चार

ज़हर की गाँठ कहाँ है

बाहर हहराता हुआ समुद्र है
समुद्र के हरे हाथों में
झाग-फूलों की स्मृतियों को पहचानने के लिए
आंधियों की क़वायद देखना पड़ेगी
देखने पड़ेंगे जल-शिखर और नीली गुहाएं
नीली गुहाओं के द्वार पर तैनात सैनिक
जल-कक्ष में चल रहे कूटनीतिक संवादों को
समझने के लिए
गगन-भेदी तोपों की दिशाओं को चीन्हना होगा
बमवर्षक विमानों में रखे नक्शे में अंकित
ठिकानों को टोहते हुए
पहुँच जाएंगे हम किसी छप्पर के नीचे
जहाँ ज़हरीले फूल-पौधों के निकट
दुही जा रही होंगी गाएँ श्यामा और श्वेत
गुनगुने दूध के झाग में
विष घोलनेवाली परछाईं से भयभीत हम
खोदने लगेंगे स्मृतियों का पहाड़

स्मृतियों का पहाड़ अब नहीं नीलमणि
चट्टानों से आवृत्त
केवल भूरा है और उदास यह भीमकाय
समुद्र और बारुद के रिश्ते से अपरिचित
नहीं बताएगा वैसा भाट-पुराण
वंशावली का ब्यौरा हर किसी को
कि पूर्वज तुम्हारा राजा था गोंडों की बस्ती में

दुन्दुभी बजाता या मृदंग छेड़
पसेरी से नापता था टके
परदादा की मूँछों का वट अब नहीं है
गोदने गुदे हाथ-चिबुक
जंघाओं तक हरी कच्च रेखाओं में खिले
उमचे गेंदे के फूल

यहाँ है धूल-धस्सर में धँसी दुकानें तिवड़े की
गादियों पर लेटे अजगर
दूर महादेव की चोटी को देखते गाड़ीवान
जिनकी जुबानों को ऐंठाती हवा की खुश्की
प्रदूषण जल का पेट को बजाता

नंगे पैर बटोरती लड़कियाँ गोबर
सूद पर सूद नोंचते महाजन
कट कर गिरते माँस लोथड़ों के पेड़
औरतें निपट नहीं पाती उनसे
खून खच्चर की अन्तहीन कथाएं
फुफकारते साँप हवा में
फिर भी सुबह होती
लम्बी रातों की चुप्पी को तोड़ खुलती नावें नर्मदा में
तैरती दुख और सुख के जुड़वाँ कलेजे से निकल कर
नम हवा में गीत की एक कड़ी
"नद्दी की धार पर आना
नीला है उपवन और नीला ही केवड़ा यहाँ"

त्रिभुवन ने सुनी है
नीली आवाज़
पहचानी है उसकी विष-गंध
उज़ड़े बबूलों-सी देह पर नीले कांटे

देखकर दौड़ा है खून उसकी आँखों तक
वह देखता है अपनी पत्नी को
जैसे वह मौसम के टेलीफोन बूथ में खड़ी है
कोहरे में नम्बर मिलाती हुई कहीं
इंतज़ार करती है
सफेद धुले उज़ले दिनों का
तभी फागुन की खिड़की में टेसू दहकने लगे
वह खिलखिल हँसी
जैसे झरने का अनुवाद करती हो
फिर एड़ी से घिसने लगी वक्त
बेरहमी से मेथी काटती
वह सपनों के बीच रौंदती है हकीकत
और हकीकत में करती है सपनों को तहस नहस
वह जानता है ज़हर की गाँठ कहाँ है
यद्यपि उसने नहीं जाना शेर की मूँछ के बाल का ज़हर
या दूध शेरनी का
उसे याद है लकड़बग्घे ने मचाया था उत्पात तब गाँव
में
जब गोरे ने सन्दूक फेंक दी थी पिता की
इटारसी जंक्शन पर
वह छटपटाकर रोया था उस शाम
जब मिट्टी की हाँडी में चुड़ती कुटकी
भाजी चने की
गोठे में रँभाती गायों से
कँदराती मँझोटे में नानी
माँ को पुकारंती–
क़बरबिज्जू चढ़ आए हैं ढाबे पर
बेटे का बाघनख पहना दे

त्रिभुवन ने नहीं देखे बाघ के नख
नहीं देखी मूँछे उसकी

पृथ्वी की अँतड़ियों में नहीं है धँसी ज़हर की गाँठ
जहाँ है वहाँ आरी या हीरे से नहीं सकेगी कट
अपशब्द के बूते की भी नहीं शायद
वह क़ातिल मस्तिष्कों से होती हुई
समय की कनपटी तक एक ख़तरनाक यात्रा है
दुहाती गायों के निकट विषैली छायाएं
जंक्शन पर फेंकी हुई पेटी
और फुसफुसाती जल-गुहाओं के बीच
बारूद की बत्ती का सूद-दर-सूद सिलसिला है
क़बरबिज्जुओं के आतंक और बमों के हादसों के बीच
महाजन की ख़तरनाक दोस्ती है

फिर भी झाँकती है वह फागुन की खिड़की से
आकाश में
और हँसती हुई मेथी काटती है

त्रिभुवन इस तरह मत देखो चकित
पहचानो इस हँसी की ताक़त
अँधेरे तक पहुँचो
हँसी और मेथी की गंध लेकर
किसी तरह कट रही है मेथी
ध्यान से देखो

त्रिभुवन ने सुना जैसे
पर कोई नहीं था छाँह तक नहीं थी
सिर्फ़ वह थी
मेथी काटती हुई
और चाकू की चमक में हँसती हुई

पाँच

इस शाही हाड़ तोड़ती दिनचर्या में

बेटी ने प्रश्न किया बेतुका–
'दिन के उजाले में मनुष्यों को
अब और किसकी प्रतीक्षा है'
मैं क्या उत्तर दूँ इतनी दूर कन्याकुमारी से
इस वक़्त जब समुद्र के सामने मैं अकेला हूँ
सूर्य समुद्र में समा गया है
और त्रिभुवन पत्थरों से खेलते हुए याद करता है
सभी चेहरे और ढूँढ़ना चाहता है
बेटी के प्रश्न का ज़वाब

उन्नीसवी सदी में ताऊन बड़ा हत्यारा था
आज केंसर है
कल को शायद वह भी नहीं रहेगा
राजा गए राजनेता आए
ईश्वर के सभी टेलीफोन कट गए
अब आदमी के प्रश्नों का उत्तर वे नहीं दे सकते
जो आग को घी पिलाकर मगन हैं
या खड़े हैं एक पाँव पर बरसों से
बीज धुएँ का दरख़्त बन गया
मशीन या मसीहा के बूते का नहीं
बहसों के पड़ाव कपट से पट गए
सदाशयता के शब्द छूंछे हुए
आदमी को प्रश्न करना होगा ही अब
करोड़ों आदमियों से
करोड़ों आदमियों को अपने से सब से

क्यों आदमी आदमी नहीं रह पाता है
वे कौनसी चीजें हैं और किनके पास
और क्यों सिर्फ उन्हींके पास
जो आदमी को उसकी जड़ों से काटकर
कुछ और बना देती हैं

कौनसी चीजें हैं
बाहर की देह से दूर
हवा और सौरमण्डल की
आदमी से बाहर
पर दीवारों के अहाते में घुसी घर की
देह पर मौज़ूद तमाम निशानात में
और आदमी के भीतर की सभी मंजिलों के
सभी खानों में
पाँव की बिवाइयों से लेकर
आमाशय और मस्तिष्क की परतों के भीतर तक
सोचने-समझने की खिड़की
और आत्मा के सभी तहखानों में
न्यायाधीशों के शब्द और बजट के दस्तावेज़ों से लेकर
थाली की रोटी और तन को ढकते कपड़ों तक के बीच
वे कौनसी चीजें हैं
जो आदमी को आदमी नहीं रहने देती

कभी न कभी तो सोचना ही होगा
बेटी के प्रश्न का उत्तर
कि गढ़ रचा है किसने अदृश्य तन्तुओं से
व्यूह रचना दुर्गम दन्त-कथाओं में
बुनी हुई
जो देखने नहीं देती उगता हुआ सूरज
सुख का स्वाद चखने नहीं देती

सुनने नहीं देती आवाज़ों और अर्थों को
कहने नहीं देती आदमी का क़द यह है
कि कहने के तुरन्त पहले जुबान को
चूहे मारने की मशीन में रख देती है
और आँखें टकरा कर एक ठोस काले पत्थर से
लौट आती हैं अपनी तंग सीलन भरी कोठरी में

जो गाड़ कर रखता है खजाना वही
रचता है कहानी साँप की
कि वह फुफकारता है वहाँ अपनी नीली जिह्वा से
हर क्षण बिन झपके पलक
पदचाप सूँघ लेता है योजनों से
और उसीके मुसाहिब गढ़ते हैं सूक्तियाँ
दूसरों का धन सोना-चाँदी-हीरे-जवाहरात
पत्थर हैं पत्थर हैं साँप के पहरे में पड़े हुए
और काष्ठवत् हैं श्रीमंतों की औरतें
अपने-अपने दूधिया हरम में
जहाँ दीगर औरतें हाड़मांस की
भरती हैं पानी कूटती हैं मसाला
और तानती हैं मसहरी
साहूकारों की ख़िदमत पांव दबाकर करने से पहले

और वे कईं उनके जनावरों को
नहलाते हैं
भैंसों और गायों के थनों को सहलाते हैं
हण्डा भर दूध भीतर पहुँचा कर
उनके घोड़ों की थकान
अपनी भुजाओं से मिटाते हैं
उनकी नींद की रखवाली करते हैं
उन्हें निर्विध्न सपनों का मौक़ा देते हुए

खुद जागकर बीड़ी फूंकते
तम्बाकू फाँकते कंदील के सहारे
लकड़ी खटखटाते हैं
फिर भी नहीं जानते वे
कि उनकी जगह कहाँ हैं
इस शाही हाड़ तोड़ती दिनचर्या में
किनके बाद आते हैं
पशुओं से बदतर ये अधभूखे
दिन भर धान उगाने के बाद
अपने सोने के थोड़े से समय में
घुटनों को पेट की तरफ मोड़
बाएं हाथ पर सिर रख
कैसे सो जाते हैं

त्रिभुवन पूछता है बार-बार उनसे —
तुम कैसे सपने देखते हो
वे हँस कर बताते हैं—
सपनों के लिए फुरसत किसको इत्ती भइया
और वह उनके पिचके शरीरों पर
अपना सिर फोड़ना चाहता है
और वे सब
पशुओं की दुनिया में
फिर से इतने तल्लीन हो जाते हैं
कि लौट आने के सिवा
उसके पास कोई चारा नहीं बचता
वह खुरपी की आवाज़
और चारा कटने की गंध के बीच
कहना चाहता है
वे सब हमारे बच्चों के आज
और कल को भून कर खा रहे हैं

और उनकी आँखों के देखने को
अपनी बागड़ के भीतर क़ैद कर रहे हैं
और तुम खुरपी से घास छील रहे हो
कड़बी काट रहे हो
कब तक तुम सिर्फ़ घास छीलते रहोगे
सिर्फ़ कड़बी काटते रहोगे
जबकि छीलने और काटने को
और भी कितना कुछ है दुनिया में

थककर उसने बेटी को ख़त लिखा
दिन के उजाले में भी
थोड़े से और उजाले की प्रतीक्षा है मनुष्यों को
इसी उजाले के बिना कैद है बच्चों तक की ख़ुशी
कसी ठुकी अब तक घोड़ों की नाल में

छः

गुप्त दरवाज़ा और अदालत की सीढ़ी

दर्प के तेज से चमकती हुई
ऊपर उठती इमारत के सबसे दिव्य कक्ष में
फाइलें खोली जा रही थीं और ऊपर चढ़ाई जा रही थीं
ख़ाक़ी पंख फड़फड़ा रहे थे
और काले हरूफ़ के उड़ने वाले घोड़े
अपनी रौंद देने वाली चाल से नगरों, कस्बों और गाँवों
और हर कहीं जहाँ चिड़िया का बच्चा तक था
दौड़ते जा रहे थे
छतों और खिड़कियों और मेज़ों से कूदते हुए घोड़े
टेलीफोन के चोगों, मुँह के सूराखों और जेबों से
निकलकर दौड़ते हुए घोड़े
खाकी,काले, कत्थई और मटमैले घोड़े
घोड़ों के आतंक के दृश्य में
एक अदृश्य मकड़ी सुनहरा जाला बुन रही थी

उस वक्त पोस्ट आफिस वाले खतों पर ठप्पे लगा रहे थे
लड़कियाँ हाथों पर मेंहदी रचा रही थीं
लुहार घन चला रहे थे
खेतों से कटकर आया गेहूँ
खलिहानों में निरात से पड़ा था
और दुनिया से थके दार्शनिकों की तरह
मवेशी अपने हिस्से आयी छाया में
निरानंद सुस्ता रहे थे

वह पीपल के नीचे ओटले पर बैठा

चमड़ी तड़काती धूप में भी
पेड़ों को क़ाबू करते ढीठ बच्चों को देख रहा था
औरतें रस्सी की नकेल बांध कुएं के घुप्प से
पानी को हवा और धूप के बीच उलीच रही थीं
तभी वह आया हाकिम का बिगड़ा हुआ घोड़ा
आकाश में हस्तक्षेप की तरह
समय और जगहों के बीच
गुप्त दरवाज़ा खोलता हुआ

गुप्त दरवाज़े खुलते हैं साल दर साल
और इमारतें दरख़्तों को ग़ायब कर रही हैं
इमारतें जन्म देती हैं झुग्गियों को
और झुग्गियाँ हाड़ माँस के कुकरमुत्ते उगाती हैं
कुर्सियाँ, तिजोरियाँ और मशीनें खरीद लेती हैं
उनका ख़ून और पसीना
और जगर-मगर जगमगाने लगते हैं
हृष्ट-पुष्ट वैभव के टापू
और इनकी बस्ती में अंधेरे के साथ शुरू होता है
नरक का नाटक
ताड़ी और तस्करी और चाक़ू के पात्र
खोलते हैं अपराधों का परदा
यमदूत आते हैं सीटी बजाकर डण्डा चमकाते हैं
निर्वसन औरतें घसीटी जाती हैं
और कोई भी आँखें बन्द नहीं करता
कोई भी मुंह नहीं ढांपता
प्रेम आंसू और करुणा की सूखी कोंपले
रौंदी जाती हैं लगातार
एक पाशविक भगदड़ में
पेट पर रोटी का टुकड़ा
और खाली शीशी के आसपास

बदहवास ख़ामोशी सिर्फ़ इतना बच रहता है
दृश्य में
फिर भी परदा नहीं गिरता

सचमुच का दुख भी
बदरंग हो चुका है यहाँ
चिथड़ों के बादलों के पीछे
बेआवाज़ बेशिनाख्त हो गई हैं सिसकियाँ

काग़ज़ की नाव से
पार नहीं कर सकते तुम
यह लपटों का दहकता हुआ मुहाना
छू नहीं सकते तुम शब्दों से
यह बर्फ़ की चट्टानों का बेनाप सिलसिला

धुएं के घोड़ों पर काबू पाने के लिए
समुद्र को ही बोलना पड़ेगा
उसको जगाना पड़ेगा दीगर हिक़मतों से
सोचते अस्पताल और अदालत की तरफ
बढ़ने लगता है त्रिभुवन

उसने देखा है ऑपरेशन
अपनी बायी आँख से दूसरी से शोभा-यात्रा
सुनी है दुन्दुभी जयघोष दाहिने कान से
बाएं से भूमिगत मुक़दमे का फैसला

अस्पताल के भीतर
और उसके भी बहुत भीतर
एक अलग दुनिया में
खूब जंगी रोशनी ऊपर-नीचे होती हुई

पेथिडीन का इन्जेक्शन
और बाद में ईथर की तीखी उड़ती हुई गंध
ऑपरेशन मेज़ पर रक्खा हुआ
समय का चाकू मस्तिष्क भीमकाय
केवल मस्तिष्क ही विराट फोकस में और शेष सब अंधेरे
में अदृश्यमान
प्राणवायु की ज़रूरत नहीं
सर्जन की आवाज़ तैरने लगी
ट्रालियाँ सजी हुई दोनों
एक में सूरज के टुकड़ों से चमकते औज़ार सब
और दूसरी में गाउन, रबर के दस्ताने और मास्क
खनकती हुई दो क्षण ध्वनियाँ और फिर स्तब्धता
सर्जन सावधान ईथर की गन्ध हुई तेज़
पर तभी अपने आप उत्तेजित हो गए
सुन्न पड़े मस्तिष्क के सभी केन्द्र
अखरोट फूटे हों जैसे सैकड़ों एक साथ
धरती की सलवटें बिखर गई हों जैसे
बखिया टूट जाने से
जड़ हो गए सब सर्जन, सहायक नर्सें
पानी के नल से फूटे ख़ून के फौव्वारे
ट्रॉली उछली
और सैकड़ों चाक़ू उड़ने लगे थिएटर में
इस्पात के चमकते पक्षियों से फड़फड़ाते
वह मस्तिष्क अब उस अंधेरे में तन गया
एक विद्युत प्रवाहित कविता की तरह
फिर किताबों की जब्ती और पुस्तकालयों के जलने से
सत्य की चिरायंध फैलने लगी
एक सपना बेहतर दुनिया का
पानी में अकड़ी हुई लाश सा बाहर फिका गया
शीशे तड़के

और सब कुछ पूर्ववत हो गया
सर्जन चकित थे
यह मस्तिष्क है या धरती का मूल कंद
बचना कुछ नहीं था उस सपने के सिवा
सूखे ठूंठ पर कैसे फूटेंगी शाखें खिलेंगे पत्ते
त्रिभुवन लोगों के चेहरे में खोजने लगा
नए शब्द
तभी गरमाई उसकी देह
वह बुदबुदाया– भूखण्ड तप रहा है

और यह शोभा यात्रा
चाबुक और संस्कृति का पैगाम लेकर
अंकुश की नोक पर हाथी के साथ
बताती हुई ट्रकों-ट्रेक्टरों टेंकरों की छाती पर
उगे खेत, नदी, कारखाने
हवाई जहाज़ों की उड़ानों से बरसाती
लोक-नृत्य, लोक-गीतों की
आदिवासी खुशियों के प्लास्टिक टुकड़े
मज़दूरों की बस्ती के खूबसूरत नक्शे
और तमाम हवा-महल, हवाई-क़िले
हवाबाजों की मुट्ठियों से झरते झर-झर
धरती तक आते
तकती जिन्हें भूखी-प्यासी कोटर हुई
अनगिन आँखें
फड़कती बायीं आँख त्रिभुवन की
देखकर यह शोभा यात्रा
और उसी वक़्त दुन्दुभी जयघोष सुनता दाहिना कान
सुनहरे अक्षरों में आवाज़ें आकाश से उतरती
छपती काग़ज़ पर बड़े-बड़े स्याह अक्षरों में
आदमी की खुशहाली का बखान

अनगिन लम्बी जिह्वाएं करती सुरंगों के आर-पार
लांघती नदी परबत
पुलों के नीचे दिन गुज़ारते लोगों
और मृतकों के कानों तक भी पहुँचती इतनी शान–
"मरा है जो भी इस पुण्य भूमि पर
मृत्यु से ही मरा है
कौन अजर अमर पट्टा बांधकर आया
मृत्यु आग है तो क्या
आग को भी पी जाता पानी यहाँ
और पानी पानी ही है
धरती पर बाण मारे दचके लात तो
फूट पड़े झरने पानी के
अब अगर नहीं मर्द ऐसे
तो फिर मुहैया कौन करे पानी
पानी की क्या बिसात"
तभी बत्ती गुल हुई
बन्द हुआ भाषण
राहत की सांस ली पसीना पोंछकर त्रिभुवन ने
कि बाएं कान में सुनाई पड़ने लगा अकस्मात्
भूमिगत मुक़दमे का फ़ैसला

वेधशाला में करतब दिखाने के बाद
भोपे जज बनकर बैठे थे कहते हुए–
हत्यारा कोई नहीं
अग्निकाण्ड के सबूत नहीं मिलते
तितली उड़ रही है
और शहनाई का कुछ नहीं बिगड़ा
गवाह सिर्फ़ पेट है
पेट पापी का क्या भरोसा
रात भर नींद आई है जिन्हें

और कै तक नहीं हुई फलों का रस पीने के बाद
जो हँस सकते हैं बेदाग साबुत हँसी
वे हत्यारे नहीं हैं

ग़ायब हो गई काली हवा में झूलती दीमक की कुर्सी
काठ की अदालत से उठ ठाठ से चलते बने
फूस के न्यायाधीश
अंधेरे में पटापट टाईप होने लगा फ़ैसला
सूर्योदय के पहले पहुँच जाएगा कोने कोन में
सत्य का बहुरूपिया
सोचकर हँसने लगा त्रिभुवन
तभी अदालत की सीढ़ी पर
टूट कर टॉवर से टुकड़े-टुकड़े हो गई
घड़ी की आँखें
मकड़ी के जालों का मोतियाबिंद
अटका रह गया फ्रेम में
मी लार्ड ! मी लार्ड !! पुकारते रह गए वकील पूछते
अब आँखों को खोकर
कैसे देखेंगे समय को दूर-दूर तक
सत्य को पाएंगे कैसे रोते हुए जीवित

अपराध की तरह समझे इसे
या ढूँढ़े गुमशुदा की तरह
लिखने बैठ गया त्रिभुवन
किन्तु अंधेरा था मेज़ पर
भाषण के शब्दों का
स्याह सन्नाटा था अभी तब अटका हुआ
उसके फेफड़ों में

सात

चोंच से पेड़ उगाती चिड़िया

हवा में नहीं है फिलवक़्त उत्तेजना
नहीं पंखों की तरह उड़ती हुई
पहाड़ से बांध दी गई है जैसे
यहाँ वैसे भी पहाड़ या पहाड़ों का अता-पता नहीं है
कोसों तक नदी भी नहीं
बहता हुआ कुछ भी नहीं होने से
काँच के टुकड़ों की तरह गड़ गए हैं
कितने ही पारदर्शी शब्द चेहरे
स्मृतियाँ अधजली लकड़ी के टुकड़ों की तरह

जन्म का प्रमाण-पत्र लेने के लिए
त्रिभुवन को बस का इन्तज़ार है
एक बस आएगी और उसे ले जाकर कहीं छोड़ देगी
वहाँ फिर दूसरी बस होगी जो उसे
कहीं और उतार देगी
वह सीढ़ियाँ चढ़ता रहेगा
सीढ़ियाँ उतरता रहेगा
फिर भी जन्म का प्रमाण-पत्र
अनपहचाने पक्षी के काले धब्बे की तरह
दूर आकाश में उड़ता रहेगा

उड़ता रहेगा असंभव प्रेम की तरह
जो एक दिन उसने चाहा था
दोनों की त्वचाओं के बीच हल्का भूकम्प था

उनकी धड़कनों के बीच से
बसन्त में सुलगी हुई तितलियाँ उड़ रही थीं
आँखों से ग़ायब कर चीज़ों को
वे अपने अँधेरे में उतरते
पंखों की तरह भटकने लगे थे
तभी भयावह आवाज़ों के बीच
हज़ारों मुर्गों में तब्दील होकर
अखबार फड़फड़ाने लगे थे
फोड़ते अण्डे विज्ञापनों के
वे ढूँढ़ रहे थे जगह
टेलीविज़न से बचते खबरों के मलबे को
हटाते धँसते हवा के धक्कों के सहारे
वे पहुँच गए थे नाई की दुकान के पिछवाड़े
बालों के ढेर को छितराते ही सेज के लिए
दिख पड़ी थी वहाँ ताजे शिशु की मृत देह
और फिर काँपते घबराते बस अड्डे आ गए थे
बसों में चढ़ने उतरने के लिए
असंभव प्रेम के बाद

जन्म का प्रमाण-पत्र या प्रेम
या पृथ्वी पर स्वर्ग-से बसंत की कामना
इस वक़्त बसों का इन्तज़ार है
सीढ़ियों से चढ़ना उतरना है
डाकिए का इन्तजार है
याद आता है उसे
मँझरात तेज बारिश में भींजते
उसका खजुराहो की तन्मय प्रस्सर
प्रतिमाओं के बीच भटकना
महाबलीपुरम के सागर तट पर
उन्मादी थपेड़ों के बीच झिलमिलाते

गोपुरम् के मस्तक को देखना

कौंध जाता है आँखों में
फूहड़ है विजयवाड़ा कहते प्लेटफार्म पर
पत्नी को खिड़की गिराने की हिदायत देते
सैनिक अफसर का चेहरा
क्योंकि काँच की दीवार के उस तरफ
अधनंगी लड़की एक माँगती थी पैसा

देखता है त्रिभुवन–
हिम्मत शाह का गाँठदार हाथ
अपनी जड़ों के साथ
पूरे देश के आकाश में उड़ रहा है
और उसकी परछाईं कृष्णा, कावेरी गोदावरी
नर्मदा ब्रह्मपुत्र और गंगा की आँखों में
एक साथ एक वक़्त उमच रही है
दूसरी-दूसरी नदियों के कीचड़ से
दूसरी-दूसरी भाषाओं में नहाते हुए असंख्य चेहरे
बनने लगते हैं भूख का भूरा पहाड़
और स्वामीनाथन् की चिड़िया
इस पहाड़ के कुछ ऊपर नीले में
उड़ान के लिए तत्पर
अधर में लटकी दिखाई पड़ती है
उड़ेगी वह
हाथ का पीछा करेगी चिड़िया
शायद दूसरा कोई रास्ता बचा नहीं है
सारी सड़कें जाम हो चुकी हैं
हवा में ही सड़क बनानी होगी
त्रिभुवन आकाश में रास्ता बनाते हाथ
और रास्ते पर

अपनी चोंच से पेड़ उगाती
चिड़िया को देखता है
गोंडों और कोरकुओं के क़िस्से सुनाते हुए
पिता ने कहा था–
गोरखधन्धा है यह बीहड़ तिलिस्म
गण्डों, ताबीज़ों, जन्मकुण्डलियों
यज्ञों-हवनों और टोटकों के
धुएं में खुलता हुआ
कब तक चलता रहेगा यह
क्या इस शताब्दी की अंतिम शाम तक भी
बूढ़ी परछाइयों के चश्मों को
चाकुओं और कैंचियों की भूल भुलैया में
उलझाता हुआ

वह मकड़ी आकाश में अब तक
जाला बुन रही है
और तलघर में दीमकें
इतिहास का सृजन कर रही हैं
उनका गिरोह
वनवासी हड्डियों से सींगों वाले मुखौटे बना रहा है
नागरिकों के वार्षिक मनोरंजन दिवस के लिए

बिजली के तारों में दौड़ने वाला करंट
अब दीगर कई चीज़ों में दौड़ रहा है
झटका लगता है त्रिभुवन को कई बार
वे उसके शब्दों को बेजान कर देना चाहते हैं
एक तमग़ा और एक वादा कुत्ता ज़िन्दगी का
टेलीफोन में हिचकोले खा रहा है
उसकी और उसके साथियों की ज़ुबानों के लिए
चाबियाँ बनवाकर

वे अपनी सेफ़ों में सुरक्षित रख रहे हैं
और सामने छूँछे शब्दों का बेक़ाबू पहाड़ है
हिचकियों और हिम्मत को नेपथ्य में ढकेलता हुआ
और कीचड़ में सनी क़ामयाबी है
शहरों के कंधों पर चहलक़दमी करती हुई
अस्सी प्रतिशत एलर्जी के कीटाणु
भूखण्ड की रक्त शिराओं में
जिससे हाँफते पहाड़ और बेदम हवाएं
रीढ़ की हड्डियों से लिपटे सर्प मरोड़े खाते
हर पत्थर के नीचे सुस्त पड़ा
बिच्छू एक गुस्सैल
आकाश और अंधेरे के बीच
चुप्पी का गुपचुप समझौता ख़तरनाक
वह सोचता है– यही वक़्त है
डंक मारने के लिए
यही वक़्त है क्रोध के क़द को पहचानने का
पर देखता है
पानी ढूँढ़ पाने में असमर्थ चिड़ियों की तरह
लौटते हैं प्रश्न
या जंगली सूअर की तरह
सीधे गुज़र जाते हैं
घायल होती हैं अपनी ही छोटी-छोटी इच्छाएं
हर नुक्कड़ पर विध्वंस तमाशा बनता है
तमाशबीनों के लिए
हैलीपैड बनवा आते हैं वे देखने
चाशनी बनती है खबर चाटने वालों के लिए
पीछे-पीछे चलते चाटते जाते हैं वे

वसन्त खौफनाक हो गया है
चुप्पी की परछाइयों में आबादी को लपेटता हुआ

वह लिखता है– हत्यारा हर कहीं मौजूद है
उसकी पसलियाँ
हवा में पक्षियों और पानी में मछलियों तक को
गड़ रही हैं
पर आवाज़ आती है
कलकत्ता से, त्रिवेन्द्रम से
बंगाल की खाड़ी और अरब सागर से
होशियार रहो होशियार रहो
शायद उस दुनिया से भी
जो इंतज़ार करती है बेहतर चीज़ों का
खामोशी में दुबके हुए

पवित्र चीज़ों और दुनिया को
इस तरह नंगा देख लेने के बाद
याददाश्त सान पर रखे चाकू की तरह
चिनगारियां उड़ा रही है
वह मिलकर आया है उससे
जो मृत्युदण्ड सुनने के बाद
उकड़ू बैठा था झाड़ के नीचे
बीड़ी के बेस्वाद धुएं में टटोल रहा था
माँ-बाप और अपनी बिन बच्चे वाली युवा पत्नी का
चेहरा
न्यायाधीश जा चुके थे
न्याय जा चुका था
पेशकार मेज़ पर फैले कागजों को बटोर
बाहर निकला जर्दा फाँकते हुए
सिर्फ़ बोला इतना –
सच के चेहरे की कालिख पोंछने वाले
फेंक दिए जाते हैं साँपों के कुएं में

वह जो बैठा हुआ था पेड़के नीचे
शेर की तरह उठा
और खाक़ी बागड़ में भी हुलसता और हुमसता हुआ
चला गया बिजली की तरह चमकते
त्रिभुवन खड़ा था
चिनगारियों को गिनता और उसके चेहरे की चमक को
चाक़ू की चमक से मिलाता हुआ
सोचता हुआ
समुद्र बहुत दूर है
पहाड़ों के उस पार
पर नमक यहाँ है
पसीने में
जो गया अभी उसकी याद के साथ

सूरज की टहनियों में दिन का चेहरा
दिन के चेहरे में चमकती सुबह की आँखें
सुबह की आँखों में तैरता अभी तक
रात का दुःस्वप्न
याद करता है त्रिभुवन
भारी माथा लिए–
दिन के दाँत टूट गए
पर आज़ादी की अक़्ल दाढ़ नहीं उगी
सब्बल से खोदे मसूढ़े
पर हाथ की सब्बल उड़ कर एक टोपी बन गई
आँगन का पेड़ ग़ायब हुआ
कुर्सी बन गया
कुर्सी ज़मीन में गड़ कर पुख़्ता हो गई
पेड़ का मुँह चूल्हे में जला
और चूल्हे सहित राख हो गया
एक बुढ़िया की भौंहे जली

जिससे राख में खिला सफ़ेद फूल एक
किसीने नहीं देखा
तभी सेना में भरती का दफ्तर गाँव आया
लकड़बग्घा हँसा कबरबिज्जू दौड़े
मचान के नीचे आग हँसी
झोपड़ी में अँधेरा भर गया
रोशनी आँखों से उतर कर
दूर चली गई बरफ के पास
और बीड़ी बनकर जलने लगी
धुएं की खबर गाँव तक आई
दमे की साँसों को बरसात ने
लकड़ी की तरह फुला दिया
ठक-ठक करती लकड़ी के हाथ
धूल में लिखने लगे–
'डाकिया कब आएगा
डाकिया कब आएगा'

ठक-ठक सुनकर दौड़ा त्रिभुवन
गाँव की ओर
पर सन्न रह गया देखकर
जहाँ कुआँ था वहाँ एक तोप रखी थी
और अमरूद के बाग़ की जगह
पत्थर का एक आदमी गड़ा था

मौसी खाट के टूटे अदवान को देख रही थी
मामा नहीं थे
उनकी जगह बैल की परछाई थी
तभी आजी आई दौड़ती चीखती दहलाती
गोंडपट्टी के मंगलवारी हाट में
सोने का कड़ा उसका

महाजन ने काट कर निकाला था
बहता खून बाड़ी तक टपकते आया
और आजी कपड़े धोने के पत्थर पर
पछाड़ खा गिर गई

जाग कर उठ बैठा था त्रिभुवन
रात के काँटों को देह से झाड़ता हुआ
सूरज एक बाँस चढ़ आया है
पर वह पत्थर
त्रिभुवन के लिए आग का दरवाज़ा बन गया है
इस दरवाज़े को लाँघ कर ही
बन पाएगा कोई टीले का न्यायाधीश
अब यह दरवाज़ा
सचमुच उसके भविष्य की
चाबी बन गया है

आठ

मई की विशाल छाती पर अग्नि वृक्ष उड़ते हैं

ख़तरे की घंटी को सुनते और
जंज़ीर को देखते हुए
चेहरे छूट गए खेतों में
दफ़्तरों में कारखानों में
घरों में चेहरे टूट गए

शिकारी कुत्तों के हाथों में
मशीनों और चेहरों की लगामें हैं
पसीने और भूख पर उनके दांतों के निशान हैं
और वे इस वक़्त बड़ी सफाई से
घर को छाया
छाया को पेड़
और पेड़ को धरती से जुदा कर रहे हैं
चेहरे घर और घर शहर से
दूर भाग रहे हैं
शिकारी कुत्तों की छायाएं
इस तरह घर को जंगल
और आदमी को ठूँठ बना रही हैं

शहर की घड़ी बंद हो गई है
उसके काँटों को अजगर ने जकड़ लिया है
टॉवर के माथे पर बैठी
चिड़िया चीख़ रही है
उसके अण्डों पर अजगर की छाया है
उसकी चोंच में अटका तिनका जल रहा है

तभी गिर पड़ा जलता तिनका अचानक
चिऊँटियों की बाँबी पर
और हरकत करने लगीं वे असंख्यों
घबराया अजगर
घड़ी ने टंकार दी बारह
अण्डों से प्राण फूटे
चिड़ियाँ गाने लगी आधी रात
बीहड़ अंधेरा
फिर भी करोड़ों अगर एक साथ देखें
तो पत्थर तक फोड़ सकती हैं
उनकी निगाहें

नींद में बड़बड़ाते बच्चों को
थपथपाता है त्रिभुवन
सो जाओ अभी
सुबह नज़दीक है
चिड़िया के बच्चों को
देख पाओगे ज़रूर तुम
जागने पर

जागने पर
अदृश्य जल प्रवाहों और अनंत ध्वनि तरंगों के बीच
अनगिन रंगों वाला पारदर्शी समय
और उसकी आँखों के सामने बैठी हुई माँ यह
सहजन की छाँह में
बरसों से बरसों को सूप से फटकती हुई

उड़ता जा रहा है सब कुछ
आँगन की हवा में
दिन की हथेली की तरह

खाली है सूपड़ा
फिर भी वह आँखें गड़ा कर ढूँढ़ रही है
शायद सुख की गुम गई सुई एक

तमाम चीज़ें हैं भीतर और बाहर
ठहरी हुई और दौड़ती हुई
मस्तिष्क है सीमाओं को लाँघता हुआ
फिर भी केन्द्र में
ग्रहण करता अक्सों को
देखता चखता सूँघता
बचपन से लेकर
काली परछाई वाले अंतिम दिन तक को

अपने से भिन्न पहली बार
जब माँ को पहचाना था उसने
तब वह लोटे में जलते हुए कोयले भर रही थी
वह पानी की जगह आग क्यों भर रही है
समझ में आया उसकी
जब वह लोटे को पिता के कोट पर फेरने लगी

सलवटें अभी भी मौजूद हैं कितनी ही
चेहरे पर, पेट पर, धरती की देह पर
अब आग किस किस में भरे वह
एक विराट कड़क लोहा करे कहाँ-कहाँ

एक माँ घर के पेड़ का एक सपना
असंख्य माँए और धरती पर गाते हुए
पेड़ों के उतने ही सपने
पर उतने ही कुल्हाड़ियों के हमले
सपनों की गरदनों पर पेड़ों के खिलाफ

गर्म गाढ़ा लाल ख़ून रिस रहा है धरती की नसों में
धड़कनें बढ़ रही हैं
बाहर ख़ून की गुठलियाँ तैर रही हैं हवा में
और इन्हीं रक्त गाँठों के चारों ओर
भूखण्ड तप रहा है

ऐसे ही तपते हुए दिनों के बीच
जाता है त्रिभुवन
एक से दूसरी जगह
बच्चों के बीच सिखाता है नई बारहखड़ी
'अ' अनार का नहीं
देखना तक जिसे नामुमकिन
'अ' अनाज का है
'आ' आग का है
उसके हाथ लिखते हैं दीवारों पर
बातें करता फिरता है वह
इस पड़ाव से उस पड़ाव तक
रॉशन की दूकान कचहरी के सामने
उसके हवा में उड़ते हाथों को देख
कहते हैं मास्टर साहब–
"अपना ही त्रिभुवन है जो लिखता है"

शाम के बीचोबीच
भाप का थक्का जम गया है
जंगलों की कोशिकाओं में स्तब्ध हो गया है
पक्षियों की चहचहाहटों का रक्त
पानी में गिरफ़्तार हो गई हैं आँखों की डोंगियाँ
खुरदरी जाँघों पर चट्टानों की
छटपटा रही हैं असंख्य मछलियाँ
वे सब बैठे हैं देखते हुए

अपहरण और गिरफ़्तारी चीज़ों की
समुद्रों और नदियों के तटों पर
खेतों के किनारे
मिलों- कारखानों और विश्वविद्यालयों के अहाते में
खदानों के मुहानों और दफ़्तरों के दरवाज़ों पर
पहाड़ों के पायदान पर वे सब बैठे हैं सोचते हुए
धरती के गर्भ से उन्होंने
हीरे जवाहरात निकाले सूर्य की तरह चमकते
समुद्र की दीप्ति-से दमकते मोती निकाले
पानी के गर्भ से उन्होंने
सोने की तरह जगमगाते गेहूँ के दाने निकाले
अमृत की तरह फूटता पानी निकाला
धरती के दूध से कपास के पहाड़ उगाए
पहाड़ों को काट कर आग में बदल दिया
कोयलों को उड़ा दिया भाप में
भाप से लोहे को दौड़ा दिया घोड़ा बनाकर जिन्होंने
वे सब बैठ कर क्यों कंकड़ों को गिन रहे हैं
फूटी कौड़ियों को तरसते
अपनी हथेली की छलनी में कुछ ढूँढ़ रहे हैं

गन्नाहट भरते हैं मस्तिष्क में
सनसनाते थपेड़े लू के
मई की विशाल छाती पर
अग्नि वृक्ष उड़ते हैं
इन्हीं अग्निवृक्षों की सतत जगह बदलती
छाँह के नीचे इच्छाओं के शिशु बीज
पहली बार अपनी आँखें खोलते हैं
फैलाते हैं नन्हीं हथेलियाँ

और एक सपना आग के बवण्डर से निकलकर

समुद्र की परिक्रमा करते हुए आता है
अपने वास के लिए आँखों को ढूँढता हुआ
इस विराट सपने के लिए
खोल दो अपनी करोड़ों आँख
त्रिभुवन अपनी आँखों को फाड़कर कहता है
उठो और अपनी हड्डियों को बजाना शुरू कर दो
भूखण्ड तप कर भट्टी बन रहा है
तन कर सीधे खड़े हो जाओ
और कहो 'नहीं'
बहुत हो चुका अब 'और नहीं' 'एकदम नहीं'
इस नहीं की आंधी में उड़ने लगेंगे
तमाम कागज़ों के पुलिन्दे, वर्दियाँ
सुभाषित वाक्य और कुर्सियाँ

निमन्त्रण देने से नहीं आएगी रोटी
फँसी रहेंगी डोंगियाँ आँखों की कीचड़ में
प्रसन्न राग नहीं छेड़ेगा इकतारा
आप से आप हमारी बस्ती में
सुनो, बच्चों के होठों पर जमी पपड़ी कुछ कह रही है
उनकी चिन्दा-चिन्दा कमीज़ें
और स्त्रियों के हाथों-पाँवों की नीली नसें
बहुत कुछ कह रही हैं

इसे सुनो
दिल को पक्का करना ही होगा
किंवदन्तियों के दाँत सुख की पिण्डलियों का
माँस खींच रहे हैं
और चमकते हाथीदाँतों के उजाले में
दूसरी ही संस्कृति का सितार बज रहा है
सब बाहर खड़े हैं